Das sind Ali, Antonia und Alex.

Hier spielen sie.

Alex klettert.

Alex schaukelt.

Antonia rutscht.

Alex und Ali wippen.

Alle drehen sich.

Sie bauen eine Insel.

Alex und Antonia pumpen.

Antonia und Ali rutschen.

Alex hangelt sich herüber.

Sie haben Durst.

Sie haben Hunger.

Sie spielen Fußball.

Ali hält den Ball.

Der Spielplatz ist leer.